PILARES SAGRADOS

PILARES SAGRADOS

LOSANTOS EDITORIAL

A mi bisabuela Pilar,

por todo lo que nos compartió en sus 104 años.

ÍNDICE

PRÓLOGO

PILAR (según la RAE) significa:

Elemento estructural resistente, de sección poligonal o circular, con función de soporte.

Persona que sirve de amparo.

Cosa que sostiene o en que se apoya algo.

He querido escribir este libro para dar las gracias a tres grandes maestras, que me han dado tanto (tan incondicionalmente) tanto amor, tantas enseñanzas, tanto sustento; ellas han sido el mejor ejemplo de bondad y de una vida de sacrificio y dedicación a los demás.

Gracias a ellas, he aprendido el valor de la familia, no solo de los padres y los hijos, sino también del amor inmenso de las abuelas, tías abuelas y bisabuelas. Ellas son para mí un ejemplo de mujeres virtuosas, dedicadas, amorosas, en definitiva, el mejor reflejo de cómo debe ser una mujer. No podría, ni en todo el tiempo del mundo, devolverles tan solo un poquito de todo el cariño que me han dado. Por eso decidí escribir este libro, para compartir contigo todo lo que estas bellísimas mujeres me han enseñado, y para demostrarles a ellas mi eterna gratitud por su generoso amor y tan valiosas enseñanzas.

Sin ellas no sería quien soy hoy, porque me han inspirado a ser mejor persona. Me enseñaron a quererme, a tener paciencia, a amar y a ser amada. No quiero decir con esto que mis padres no me enseñaran muchas cosas. De mis padres aprendí muchísimo y de un valor incalculable, y lo mismo de mis hijas. Pero les he querido dedicar este libro a mis pilares, porque en este tiempo rápido y fugaz en el que vivimos, a veces se nos olvida el incalculable valor que tienen nuestros familiares fuera de la línea directa de padres-hijos. Y no podemos olvidar que no seríamos nosotros mismos sin ellos.

Este libro es un homenaje y a la vez un agradecimiento a estas grandes maestras, de quienes tanto he aprendido, por darme tanto de ellas durante toda mi vida. Todavía hoy se vuelcan en amor para mis hijas y para mí, y eso me alegra el alma. Se han comprado teléfonos móviles y han aprendido a usarlos para poder vernos por la pantalla cada semana. Y esos detalles no tienen precio. Igual que cuando era una niña, siguen poniendo tanto cariño en cada detalle, que se merecen que escriba un libro contando su historia. Se merecen eso y mucho más. Pero esto es lo que puedo ofrecerles, porque es lo que sé hacer. No puedo verlas ni abrazarlas, comer con ellas o sentarme a tomar un café, porque vivimos demasiado lejos. Pero sí puedo plasmar en letras y poesía lo agradecida que estoy con ellas.

Y aprovecho para animarte a ti que me estás leyendo a que, si puedes, hagas lo mismo con tus familiares. No dejes de decirles lo que significan para ti.

No nos olvidemos de esa parte de la familia que es tan importante, y deberíamos cuidar y honrar cada día, porque son nuestros pilares. Sin pilares, la construcción entera se vendrá abajo; pero con unos pilares firmes, aguantará contra viento y marea.

"Semejante es al hombre que al edificar una casa, cavó y ahondó y puso el fundamento sobre la roca; y cuando vino una inundación, el río dio con ímpetu contra aquélla casa, pero no la pudo mover, porque estaba fundada sobre la roca." (S. Lucas 6:48 RVR 1960)

Así fue como nació este libro. Creo que estamos en unos tiempos en los que nos importa demasiado el presente y muchas veces se nos olvida de dónde venimos. Metemos a nuestros mayores en residencias y nos olvidamos de todo su legado, como si nunca hubiera existido. Estamos dormidos y desnaturalizados respecto a esa parte de la vida que es la madurez. Queremos ser jóvenes eternamente, y olvidamos que, si Dios quiere, un día nosotros también seremos abuelos, y tendremos mucho que compartir con las nuevas generaciones si nos dan la oportunidad de hacerlo.

Ellos son la culminación de una vida, la última y esencial pieza de la familia, un engranaje perfecto que necesitamos de la misma forma que ellos a nosotros. Debemos honrarles, pasar tiempo y compartir todo lo que podamos con ellos. Darles ese lugar que les corresponde, respetarlos, y amarlos.

El presente libro se estructura en tres partes, cada una dedicada a las grandes maestras que tuve en mi vida: mi abuela materna, y mi tía abuela y mi abuela paterna. Acompaño cada capítulo con algunos poemas que he ido escribiendo en los últimos años, inspirados en ellas. Estas mujeres contribuyeron en buena medida a mi amor por las letras. Algunas de las poesías están directamente dedicadas a cada una de ellas, y otras simplemente las he incluido para que tengan la oportunidad de leerlas.

Estas mujeres excepcionales son como piedras preciosas, de esas que no abundan y si encuentras una, tienes un tesoro. Su amor trasciende las fronteras y los océanos, y crece con cada día que pasa. Dichoso el que cuente con personas así en su vida. Ámalas, cuídalas, y hónralas porque ellas son parte de ti. Una parte muy importante y preciada.

Deseo de todo corazón que este libro te alegre el alma.

Dios te bendiga.

ELVIRA

Se piensa que es un nombre de origen germánico, probablemente sea un derivado de "*Adalvira*" que significa "**noble**" y "**protección**".

Elva tiene un origen céltico, es "**la que viene de las montañas**".

Así es ella. Mi abuela materna. Fuerte y noble, como el pueblo montañoso que la vio nacer. Si tuviera que pensar en algo que la caracteriza, pensaría precisamente en eso: *"la que nos protege"*. Cual guerrera nórdica, ella ha protegido a su familia a capa y espada, cuidándonos con cariño, y dándolo todo por cada uno de nosotros cuando ha hecho falta. Nos ha apoyado en los proyectos más descabellados y ha creído en nosotros cuando ni nosotros mismos podíamos hacerlo. Y, lo que es más importante, ha sabido animarnos y nos ha motivado a luchar contra nuestros miedos e inseguridades, sabiendo qué hacer exactamente con cada uno, para sacar lo mejor de sí mismo.

Elva nació en Foncebadón, el último pueblo maragato de la sierra leonesa, en pleno *Camino de Santiago*. Al ser el único paso hacia Galicia por los montes de León, el pueblo era transitado por todo tipo de viajeros. Empezó a ser abandonado en los años sesenta y setenta, ya que las únicas actividades de la zona eran la agricultura y ganadería, —sumado a su clima extremo— y sus habitantes empezaron a emigrar a las ciudades en busca de empleo. Así pasó de un centenar de habitantes a apenas dos. El pueblo se ha revivido en los últimos años como lugar de paso de peregrinos hacia Santiago, con la creación de albergues y restaurantes.

Tiendo a pensar que las personas somos como el lugar donde nacemos. Y así es ella, fuerte, protectora, madre y abuela sólida, como las escarpadas rocas de la comarca de la Maragatería.

Tuvo tres hermanas, todas ya fallecidas: mi tía Maruja (guapísima, la llamaban *"Ava Gardner"* por su parecido con la actriz), Isabel que vivía en Canarias, y la tía

Chipo, que murió muy joven, antes de que yo naciera. Su madre, la abuela Ana, era una mujer fuerte de mejillas sonrosadas; la recuerdo vestida de negro y con el cabello blanco recogido en un moño bajo. Sobria, no era de muchas palabras. Pronto tuvo que irse a Madrid con sus hijas, y vivieron en una casa del casco antiguo, cerca de la cueva de Luis Candelas. Eran tiempos difíciles, y para ellas no fue nada fácil, pero mi bisabuela Ana era una mujer luchadora y sacó adelante a sus hijas. Tuvieron una carnicería en tiempos de la guerra civil, y eso les ayudó a no pasar hambre mientras duró el conflicto. Mi abuela Elva me contó varias anécdotas de esos tiempos, como que una vez tuvo que transportar en el tren una cabeza de caballo envuelta en vendas para comerciar con ella.

Se casó joven, con mi abuelo Pepe, que tenía una tienda de licores en el centro de Madrid. *La Bolsa de los Licores*. Era un antiguo café de señoritas que habían adaptado como tienda, y tenía bastante fama en aquel momento, —decían que allí compraba Felipe González, cuando era presidente, e incluso el rey Juan Carlos—. Recuerdo pasear por la tienda cuando salía del colegio, allí vi por primera vez una botella con un lagarto dentro. Era un local muy bonito, de techos altos, estanterías empotradas que cubrían las paredes —donde se exhibían botellas de todas las variedades imaginables—, y unas bodegas oscuras que a mí me parecían las catacumbas de algún castillo encantado. En la caja, todavía veo como si fuera ayer a mi abuelo Pepe cobrando a algún cliente, o empaquetando amorosamente una botella. Él amaba la Bolsa de los Licores. Le ayudaba en la tienda un señor de pelo cano al que llamábamos Velasco, era quien hacía los repartos en una vieja camioneta Citroën C-15. También recuerdo desayunar un cola-cao en el bar de enfrente con unas tostadas los días que no tenía cole.

Mis abuelos tuvieron tres hijos y una hija: José Mari, Alberto, Carlos y mi madre. Mi abuela siempre estaba con ellos, cuando las vecinas la veían por la calle le decían: *"ahí viene la gallina con sus polluelos"*. Mi madre cuenta que le gustaba mucho cuando iban a Rascafría, mi abuelo se iba a pescar —su gran pasatiempo, además de leer—, y mi abuela se quedaba con sus hermanos y con ella jugando a que eran indios y su casa, un *tipi* —en el que metían a mi abuela a fumar la pipa de la paz—.

Eran un matrimonio de esos de antes: mi abuelo iba a la tienda a trabajar y mi abuela se quedaba en casa cuidando a sus hijos. Vivían en un piso cerca de la plaza de toros de Las Ventas. Aunque lo que a mi abuela le gustaba en realidad era salir a pasear, a donde fuera, al cine, de viaje… Aprovechaba cualquier ocasión, como aquella vez cuando murió Franco, que dijo que bajaba a comprar el pan ¡y se llevó a los cuatro niños pequeños al velorio del general! No sé si fue cierto —o solo lo recreo así en mi imaginación—, pero tengo grabada la imagen en blanco y negro de mi abuela con los cuatro niños enseñando la barra de pan a la cámara, en el telediario de la época.

Mi abuelo Pepe murió cuando yo tenía seis años. Me quería mucho, me llevaba al parque de la Fuente del Berro a dar migas de pan a los patos, y me enseñó a jugar al dominó. Fue la primera persona de mi familia de la que tuve que despedirme. Después de que se quedó viuda, a mi abuela le dio por viajar con sus amigas. Así fue como conoció medio mundo, y disfrutó todo lo que no había podido antes cuando estaba dedicada a los niños y a la casa.

Mi abuela es una mujer muy lista, que siempre supo ver en los demás los puntos fuertes, y los débiles. A mi madre, cuando era pequeña, como era muy tímida y caminaba encorvada por la calle, le colocaba libros en la cabeza para que caminara derecha. A mí siempre me ha animado a viajar y a ser independiente, por eso me convenció de que echara una carta para solicitar una beca de intercambio el último año de carrera en el extranjero. La primera vez que fui a una entrevista de trabajo, ella me animó tanto que llegué tan convencida de merecer el puesto que me contrataron a la primera. Y eso que apenas sabía de ordenadores, y era una para redactora en una revista de informática —en inglés—.

Tuve la suerte de vivir con Elva —*Elvis*, le digo de cariño— en varias ocasiones. Primero, cuando mis padres se separaron. Entonces tenía yo unos dos años, y mi madre y yo nos mudamos a su piso de Las Ventas. El mismo en el que nació mi madre y todos mis tíos. Allí estuvimos unos años, tiempo en el que pude disfrutar sus mimos, sus atenciones, esas cosas que solo hacen las abuelas. Cuando salía del ascensor, ella abría la puerta y se agachaba para que corriera a sus brazos —me decía: *"¡Cristinorri!"*. Y yo iba corriendo a que me abrazara—. Mis tíos jugaban mucho conmigo cuando estaban en casa. Mi tío Charlie se caía al suelo cuando yo llamaba a la puerta y se hacía el dormido. Mi tío Alberto me grababa la voz con una grabadora de *casettes,* y me sentaba detrás de él a verle cuando jugaba juegos de ordenador —le decía *"riquísimos pollos"* cuando encontraba cosas para comer en el videojuego, y nos reíamos—. Así nació mi afición por el *Prince of Persia*. Me llevaban a una guardería a la vuelta de la casa, todavía me acuerdo de ponerme a llorar cuando veía — a través de los barrotes del patio— a mi abuela pasar a comprar el pan. Me saludaba con la mano y yo le gritaba que me llevara a casa.

Compró un apartamento en *Santa Uxía de Riveira*, la costa gallega. "El pisito nuevo", lo llamábamos. Probablemente porque allí vivía su hermana Maruja, que se casó con un médico del pueblo. Me gustaba veranear allí. Antes íbamos al chalé de mi tía Maruja, que estaba en la *Curota*, y tenía una piscina y un campo de manzanos en los que me acuerdo que me subía a jugar. Estaba en un pueblito de pescadores, que con el tiempo creció y se convirtió en ciudad pequeña, pero conservaba ese aire tradicional. Veíamos a los pescadores tejiendo las redes en los arcos de la lonja, cuando comprábamos el pescado fresco. Por las tardes, paseábamos por el muelle, admirando los barcos y los yates. Tengo fotos en las que estoy en ese muelle en los brazos de mi madre, prácticamente recién nacida. Detrás del pisito nuevo había una pequeña montaña a la que nos gustaba subir de excursión, era casi una tradición familiar. Me acuerdo de ver las chirlas vivas saltando de la olla hirviendo en la cocina. Qué ricas las empanadas gallegas, de pulpo, o de manzana. Los *cachelos*, y el pulpo a la gallega que comíamos en un restaurante de *Aguiño* cuando nos juntábamos toda la familia. A mi abuela y a mí nos gustaba mucho salir antes de comer a tomar el aperitivo en el *Xardín*, un bar del pueblo que quedaba cerca de casa. También ir a la playa de Coroso, o tomar algo en las terrazas, cerca del muelle. Viendo el espectáculo de las gaviotas tratando de llevarse algo del pescado que recién habían pescado los barcos.

Cuando podíamos, pasábamos el día en la *playa del Vilar*, que quedaba a unos minutos en coche, pero merecía la pena el viaje. Kilómetros de fina arena blanca, un área prácticamente virgen en el parque natural de las dunas de Corrubedo. Cuántos recuerdos en esa playa. Se entraba por unas pasarelas de madera, que unían el aparcamiento con la playa. Qué sensación era sentir la arena caliente bajo los pies, algunas veces teníamos que bajar corriendo porque quemaba. Desde allí ya se podía ver una fascinante panorámica de la playa. Y el océano Atlántico, algunas veces verde, otras de color turquesa, con sus olas de espuma blanca. Además, esa playa iba cambiando a lo largo del día, conforme subía la marea, transformándose de tal modo que parecía un lugar diferente. Cuando la marea estaba alta, el agua casi llegaba a la pasarela de madera; y cuando bajaba, se formaban divertidas pozas de agua salada en la que los niños nos metíamos a chapotear. Con mis tíos y con mi madre jugábamos a las palas, o al frisbi. En tantos kilómetros de playa podíamos pasear hasta las rocas e investigar a los cangrejos, lapas, ermitaños y demás animalitos del lugar. Cuando las olas regresaban al mar, unas diminutas pulgas de agua empezaban a saltar en nuestros pies desde improvisados agujeritos que surgían en la arena. Qué divertido era bañarse, saltar las olas, el contraste del calor del sol con el agua helada. Había una zona donde estaban las dunas (que entonces eran altísimas). Me encantaba bajar rodando como una croqueta desde lo alto –ahora ya no se puede, y menos mal porque si no ya no quedarían dunas. La playa estaba decorada con enormes rocas de caprichosas formas, –donde nos resguardábamos del aire los días de mucho viento, cuando la arena nos golpeaba tan fuerte en la piel que hacía daño–. También nos gustaba trepar y caminar por ellas, o hacernos fotos desde arriba.

Una vez mi madre y yo acampamos en el camping del Vilar, solo estábamos nosotras y unas alemanas a las que apodamos "las vikingas". Me gustó mucho esa experiencia, levantarme allí, entre los pinos, en medio de la naturaleza, darnos un baño en el mar antes de desayunar, lavar los cacharros en un manantial de agua cristalina que brotaba entre las piedras —mi madre improvisó un palo con unas bandejas a los lados y ahí colocábamos todo para llevarlo a lavar—. Cerca del camping había una explanada donde encontramos grandes huesos de algún mamífero —tal vez de una vaca o un caballo— y yo fantaseaba con que eran huesos de dinosaurios. Por las tardes, la abuela Elva venía a dormir la siesta al colchón inflable que teníamos dentro de la tienda, y después bajábamos a darnos un baño en la playa. Las puestas de sol desde el Vilar eran algo digno de admirar, ver como el agua se iba tiñendo de rojo, naranja, rosado. Las nubes adoptaban los colores del agua, y el mar reflejaba el espectáculo del cielo. Era precioso.

Otra excursión obligada era El Faro de Corrubedo, que estaba en un lugar escarpado rodeado de rocas, y que recuerdo siempre con fuerte viento (en las fotos salimos todos con el pelo revuelto). A veces hacía tanto aire que no podíamos escucharnos. Sólo el sonido del ventarrón y el rugir del mar. Había también un castro celta, el *castro de baroña* en Porto do son. Mi madre solía ir a tomar fotografías desde las rocas, de la impresionante vista hacia el mar. El último viaje que hice con mi abuelo Pepe fue precisamente allí.

Y como olvidar la tradicional visita con mi abuela a Santiago de Compostela, que no podía faltar cada verano… Primero la Catedral con su botafumeiro gigante oscilando por el pasillo atrás y adelante —un año creo que rompió uno de los grandes ventanales, de tanta fuerza que traía— después comíamos en algún restaurante del casco antiguo, un helado de postre y para terminar un paseo por el parque de la Alameda, con foto obligada junto a la escultura de las *Marías* —dos hermanas que paseaban por el lugar a las dos en punto vestidas de colores y maquilladas de forma extravagante en los años 50 y 60—.

Me acuerdo de un año que mi madre, mi abuela y yo fuimos de viaje a las islas Cíes, (donde hacen los jabones de la Toja) y terminamos parando en mitad de la carretera a recoger cebolletas que crecían a los lados del camino… ¡Lo pasamos bien en ese viaje! Estar con mi abuela es siempre muy divertido. Me acuerdo de que por las noches le hacía *pase de modelos* en la habitación, antes de irnos a dormir, me colocaba sábanas a modo de vestidos y modelaba como si estuviera en una pasarela… Ella era la presentadora, ¡cómo nos reíamos! Ha tenido siempre una mano especial con los niños, sabía cómo hacer que lo pasáramos bien, y se ganaba nuestra confianza. No sé cómo lo hacía, pero conseguía que le contara todo lo que me pasaba.

Cuando empecé la universidad, volví a casa de mi abuela Elva. Me cuidó como siempre, con mucho cariño. Todos los días, tenía preparada una deliciosa comida cuando salía de clases, me preparaba el café después de comer, me traía zumos de naranja al cuarto cuando estaba estudiando y bocadillos de jamón para merendar. Es increíble cuanto amor me pudo dar en esos años. Me acompañaba a comprar ropa a Goya, —ella tiene un ojo clínico para la ropa, sabe escoger las prendas que me sientan mejor—, algunas veces parábamos a tomar un pinchito de tortilla con una *clara* en el "Mesón del jamón", o una ensaimada en "La Mallorquina" si estábamos por el centro. En navidad sin falta íbamos a tomar el tradicional chocolate caliente con churros en la chocolatería de "San Ginés". Merecía la pena la fila que teníamos que hacer en la entrada por degustar ese riquísimo chocolate espeso, no lo he probado tan bueno en ningún lugar. En ese tiempo me tocó convivir mucho con mis primas, las gemelas Marina y Manuela y su hermano José, hijos de mi tío Carlos. Una vez mi abuela nos llevó a una pista de hielo que habían montado cerca del Corte Inglés, y pasamos la tarde patinando. También nos llevaba a ver las luces de navidad que decoraban las calles del centro, el mercado de la plaza mayor, y el espectáculo para niños de *Cortilandia.*

Cuando me iba a dormir, –igual que hacía desde que era pequeña– venía a darme un beso de buenas noches, y me decía: "dulces sueños" y yo contestaba: "palomita blanca". Me encantaban sus espaguetis con tomate, las lentejas con chorizo y la ensaladilla rusa. Las chuletitas de cordero, los filetes –que no hacía hasta que estaba sentada en la mesa para que no se enfriaran–, el lenguado frito y las alcachofas con limón.

Con ella viajé a Argentina, a visitar a mi madre que llevaba viajando varios meses por Latinoamérica. Nos alojamos en un *hostel* en Buenos Aires –visitamos el Cementerio de la Recoleta, paseamos por San Telmo, La Boca y caminito–, después visitamos las cataratas de Iguazú y nos encontramos con mi madre en la provincia de Misiones. Allí dormíamos en unas acogedoras cabañitas.

Mi abuela fue precisamente la que me insistió para que echara una carta solicitando una beca de intercambio para el último año de carrera en México. De hecho, semanas antes ella había ido a una conferencia con sus amigas de un doctor mexicano, cuando terminó la charla se acercó a hablar con él y le dijo que era de Puebla pero que su hija –que era de mi edad– estaba estudiando en Guadalajara. Le pidió el mail de la chica, y me puse en contacto con ella. La noche antes de echar la carta, me empecé a arrepentir de irme tan lejos, ya estaba pensando en no pedir la beca y quedarme en Madrid. Ella entró en la habitación intuyendo lo que estaba pasando por mi cabeza, y me preguntó si tenía lista la carta. Le conté de mis dudas, se sentó conmigo y me terminó convenciendo de solicitar la beca. Finalmente, me la dieron, y me mudé a Guadalajara con Kitzia, –la hija del doctor con el que había hablado en aquella conferencia–. Resultó que nos hicimos muy buenas amigas, vivimos juntas durante varios años, e incluso vino el día de mi boda.

Cosas del destino, ya me quedé a vivir en México. Todavía me acuerdo del día antes del viaje, estaba haciendo la maleta y no me aclaraba qué llevar para tanto tiempo ¡nunca había hecho una maleta para un año! Elva entró en el cuarto, y con amorosa paciencia me estuvo ayudando a decidir qué llevar y a cerrar la maleta, que iba llena hasta los topes. Al día siguiente, bajó al portal a despedirme cuando me fui, a las seis de loa mañana, un frío día de diciembre, a coger el avión. La veo perfectamente, diciéndome adiós con la mano desde el portal, –como si fuera ayer–, mientras me subía al taxi.

Después ha venido a visitarme varias veces. La primera a Cancún, cuando nos reunimos toda la familia en un hotel de la Rivera Maya. Justo fue cuando empezaba la *influenza* y como cerraron todos los lugares turísticos, pasamos los días en las playas paradisíacas de arena blanca y agua cristalina. Mis hermanos y yo también aprovechamos para hacer todos los deportes de riesgo que ofrecía el hotel: submarinismo, parapente y motos acuáticas. Después de comer, paseábamos juntas por la arena, dándonos un baño de cuando en cuando. Igual que a mi abuela, me encanta el agua. Y en esas aguas templadas sin una sola ola daba gusto meterse.

Cuando me casé, mi abuela Elva vino a verme con mi yaya Carmen y emprendimos un viaje en coche por varios estados de México: las pirámides de Teotihuacán —donde pasamos la noche en un hotel dentro de las ruinas, muy bonito—. Cuernavaca, Puebla, y hasta Veracruz. Llegamos a Catemaco un pueblo famoso por su laguna y porque dicen que está lleno de brujos. Tomamos una lanchita hasta una isla habitada por unos monos redonditos que comían mangos como si fueran personas, pelándolos y todo. Ese viaje fue memorable. La última vez vino con mi madre, y estuvimos recorriendo los alrededores de Guadalajara: la laguna de Chapala, los Guachimontones, la laguna de Cajititlán, el mercado de Tlajomulco.

La última vez que nos vimos fue cuando viajamos todos a Madrid. Te visitamos en tu casa, y se me hizo extraño estar allí solo de visita, después de todo lo que he vivido entre esas paredes. Pero la comunicación entre nosotras no ha cambiado, a pesar de la distancia. En las clases de informática aprendiste a usar el ordenador como toda una experta, —nos mandábamos correos electrónicos, fotos, hablábamos por *skype*...— y después no te costó pasarte al móvil. Gracias a que siempre has sido una abanderada en tu tiempo, y una mujer muy práctica, has estado siempre a la última, y por eso ahora podemos escribirnos por *watsapp* a diario.

Es difícil describir con palabras tanto amor que he recibido de tu parte durante toda mi vida. Me cuesta explicar con exactitud algo tan etéreo como son los sentimientos. Pero creo que sabrás entender lo que quiero transmitirte en este libro, Elvis. Gracias por todo lo que me has dado. Gracias por compartir conmigo tantas cosas, por poner tanta atención a los pequeños detalles, que me hicieron ser una niña tan feliz. Te quiero mucho, *palomita blanca*.

Sigue

Octubre 20, 2019

Encerrada,

en los balcones de la soledad.

Tiendo,

la tristeza al sol y sopla el viento.

Resisto,

porque el amor me hace volver a levantarme una y otra
vez.

Espero,

y mantengo la fe después del sismo.

Tú no vayas a perder la fe,

no, no, no puedes…

Levántate el lunes, ya vendrá el viernes.

Aguanta,

no dejes que se seque tu garganta.

Y confía

si hoy no sale el sol, tal vez mañana…

Efímero

Julio, 31, 2019

En una gota de rocío

vi tu esencia más profunda.

Fundiéndose, entremezclada

con finas gotas de lluvia.

Efímero instante

húmedo y fugaz.

Verde de musgo.

Azul de mar.

Como el alma de un niño

pura, de cristal.

Inocente y tierna,

translúcida al mirar.

Volar

Julio, 23, 1019

Abre tus alas,

y levanta el vuelo.

Eres libre como el aire,

no tengas miedo.

Si te dicen que no puedes

nunca les creas.

Vuela por el cielo

sin límites o vendas.

Sueña como un niño,

también ten paciencia.

Y un día, sin quererlo

volarás de veras.

Madrid

Abril, 20, 2016

Tu nombre tenía olvidado

cuando andaba en tus aceras.

Más ahora, que el tiempo ha pasado,

en la distancia te siento cerca.

Y, aun así,

como una canción que ya dejó de sonar,

bajo la luna llena.

Te extraño…

Como las olas al mar,

mientras espero la vuelta.

Morriña

Octubre, 25, 2015

Morriña me da pensarte,

con tus mares de aguas frescas.

Tus montañas y tus playas.

Tus planicies y mesetas.

El cielo y el mar se funden,

cuando baja la marea.

Lo de abajo es un reflejo

una proyección perfecta.

Lo de arriba ¿Quién lo sabe?

Pregúntale a las sirenas.

Que se bañan en tus costas.

Que se pierden en tus tierras.

Tierras mágicas las tuyas,

con tus mitos y leyendas.

Tus *meigas*, hadas y *bruxas*.

Tus *conxuros* y tus *festas*.

Tus marineros mercantes.

Tus mujeres fuertes y bellas,

que tejen redes de amores

sentadas en las aceras.

Dulces tus islas perdidas,

agradables tus aldeas.

Hospitalarias tus gentes.

Un honor estar en tu tierra.

Un instante en el tiempo

Septiembre, 9, 2015

Grises nubarrones prendidos a las cumbres

anuncian la tormenta…

Las copas de los árboles se estremecen,

el viento baila con ellas.

Sutiles pajarillos cantan a lo lejos

que la tarde ya se acaba.

Los polluelos se cobijan en sus nidos

que la sierra los abraza.

Aires con memorias de otros tiempos,

suspiros interminables…

Metales y piedras preciosas

en la montaña descansan.

Hadas, duendes y musas

a un lado bailan.

En ríos alegres de aguas claras

estanques, lagunas, mares y playas.

Bañados por un sol de oro…

Y mecidos por luna de plata.

Los indomables

Julio, 24, 2015

Hay criaturas en el mundo

que no se pueden domar.

Son del aire, del fuego,

de la tierra, del mar…

Una mezcla de lo indómito

con lo salvaje.

De terremoto y volcán,

que aun encerrados siguen sin domesticar.

Puede incluso que parezca

que viven una vida normal,

pero si permaneces lo suficiente a su lado

podrás notar

que es más fuerte su deseo de sentirse libres

que su necesidad de encajar.

A lo mejor sienten que se están ahogando

aun con las ventanas abiertas,

y tienen que salir corriendo

por la puerta.

Normalmente estas personas

no son bien vistas por los demás,

ya que no les interesan

las reglas de sociedad.

He tenido la suerte de conocer

algunos de ellos

y creo que son los seres

más puros y más bellos.

Tal vez un día estemos preparados para ellos,

y mientras tanto…

No trates de aprisionarlos

porque se te irán corriendo.

Pajarillo

Junio, 16, 2015

El pajarillo cantaba,

temprano en la mañana.

Y con su canto alegraba,

a todo el que lo escuchaba.

Con tus alas, pajarillo,

vuela libre y vete lejos…

Conoce bien cada sitio,

yo ya te echo de menos.

Tan ligero como el viento

y suave como la pluma,

el pajarillo está hecho

de un pedacito de luna.

Palomita blanca

Enero, 30, 2021

Entre el crujir de las horas secas,

marcitas de sol y humedad.

Huelo tu recuerdo y la distancia,

Trae aroma de huracán.

Porque te amo y estás tan lejos,

porque te quiero y quisiera abrazar

esos brazos tuyos con olor a invierno,

tan llenos de amor, tan llenos de hogar.

La vida se pasa y estamos tan lejos.

Mirando a mis hijas me da por pensar

que me gustaría compartirlo contigo

como hacíamos antes, antes de marchar.

Las hojas se mueven, las ramas se rompen,

el viento se lleva todo a su pasar.

Lo que no se lleva es lo que hay por dentro:

Tu recuerdo, tu risa, tu olor y tu andar.

Sin querer, queriendo

me enseñaste tanto.

Compartiste lo bueno

que me podías dar.

Porque quiero estar contigo

y no puedo estarlo,

un océano frio

nos impide cruzar.

La ingenuidad se pierde,

el apremio se gana.

Y lo que importaba,

ya no importa más.

Pero el amor que me has dado,

ese nunca se pasa.

Quisiera en un frasco

poderlo guardar.

Para abrirlo ahora

que estamos tan lejos,

aspirar su aroma,

sentirlo de verdad.

Retenerlo dentro

y no perderlo nunca.

Para a mis chiquillas,

podérselo dar.

JOSEFINA

Josefina es un nombre de origen hebreo, variante femenina de José, que significa **"lo que Dios multiplica"** o **"engrandecida de Dios"**.

Mi tía Jose, –hermana de mi abuela paterna–, es, sin duda, *engrandecida de Dios*. Guarda dentro de ella tanto cariño a los que somos su familia, y un amor tan refinado, que todos esos atributos no pueden ser sino un Don del Creador. Dios ha multiplicado en ella unos sentimientos tan elevados, un romanticismo tan sublime, una creatividad admirable –plasmada en poemas y escritos– que su sola existencia es una obra de arte.

Nació en Santa Cruz del Retamar, provincia de Toledo. Un pequeño y tradicional pueblo castellano. Su madre, –mi bisabuela Pilar–, fue una mujer fuerte y admirable, cuya vida es fuente de ejemplo e inspiración para todos los que la conocimos. Mi yaya Pilar y mi abuelo Manuel tuvieron dos hijas: María del Carmen y Josefina. El último año que viví en Madrid, las visitaba con frecuencia, y en esas tardes de conversaciones inolvidables, la yaya Pilar me contó que conoció a mi bisabuelo Manuel en la verbena del pueblo. Él era militar, y murió en la guerra civil, siendo sus dos hijas muy pequeñas. Un buen día los comunistas se lo llevaron de su casa y nunca más volvió. Mi bisabuela Pilar enseguida tuvo que abandonar el pueblo y trasladarse a Madrid con sus hijas. Trabajaba de modista, y hacía unos vestidos increíbles. Conseguía las mejores telas para que sus hijas llevaran los últimos modelos del momento. Hasta a mí me hizo algunos vestidos, el último fue uno negro con transparencias y brillos –fue mi primer vestido de nochevieja–, cuando tenía doce o trece años.

Josefina era la pequeña, y estaba muy unida a su padre, todavía me cuenta cosas que le vienen a la cabeza de él, de vez en cuando. Como era la más pequeña, mi yaya Carmen cuidaba de ella. Muy jovencitas entraron en un internado para huérfanas de militares. Tuvieron una educación espléndida, algunas veces me han recitado poemas que aprendieron en el colegio. Por otro lado, mi bisabuela Pilar fue una mujer muy estricta, de valores tradicionales, que las educó con cariño, pero también con firmeza. La guerra civil no solo les quitó a su padre, también el sueño, las noches que sonaban las sirenas y tenían que correr a resguardarse en el sótano del apartamento donde vivían, por los bombardeos. El mismo apartamento donde después me llevaron tantas veces a mí, cuando me quedaba con ellas después de la escuela. Pasé tanto tiempo de niña con estas tres mujeres –mi bisabuela, mi abuela y mi tía-abuela–que dejaron una profunda huella en mi carácter y en mi corazón. Me acuerdo de que mi yaya Pilar me daba jamón cortado en cuadraditos algunas veces para merendar, o un cola-cao calentito con algún bollo. A ella le gustaban mucho las tortas de anís, solía tener un paquete en casa.

También recuerdo con nostalgia cuando mi tía Jose me llevaba al baño a lavar las manos. Era todo un ritual. Primero se quitaba los anillos –entre ellos, uno con una aguamarina que a mí me parecía una joya de la corona, de grande que era– y los dejaba a un lado del lavabo, para no mojarlos. Después, mientras me colocaba cuidadosamente las manos bajo el agua, me decía:

–Mira cómo te cantan las manos.

–¿Cómo cantan? –le preguntaba yo, aunque ya sabía lo que vendría a continuación.

–La, laaaa, laaaaaa, laaaaaa – cantaba ella, moviendo mis manos con las suyas, como si fueran ellas las que estaban cantando.

Me trataba con tanto cariño y delicadeza que me hacía sentir como si fuera muy especial. Pasaba la tarde jugando conmigo, recitándome poemas, canciones… hasta que venía mi madre a buscarme después del trabajo. Otra cosa que me gustaba mucho hacer era la búsqueda del tesoro: escondía un pequeño cofre lleno de joyas de fantasía, y yo tenía que buscarlo por la casa. Recuerdo cada rincón de la casa de mi yaya Pilar como si estuviera caminado por ella. La sala, con la mesita baja y los sofás, el pasillo, el comedor —con la mesa redonda donde nos sentábamos a degustar alguna exquisitez de las que preparaba ella—, la estantería en la pared (donde decían que mi padre escondía la comida de pequeño cuando no quería comer). La habitación de la yaya Pilar, con el teléfono en la mesilla al lado izquierdo de la cama, —por el que tantas veces llamé a casa de la tía Jose y de la yaya Carmen—. Y la habitación donde dormía yo cuando me quedaba allí, con esa muñeca que era de la yaya, con un vestidito morado y un gorrito que ella misma tejió, y mi vestido de sevillanas blanco con lunares rojos guardado en el armario blanco.

Mi bisabuela Pilar era una auténtica cocinera. Hacía la mejor sopa de marisco que haya probado nunca, las patatas con caldo, los filetes empanados, la tortilla de patatas, o lo que hiciera de comer, estaba todo delicioso. Me acuerdo de verla con el gorro puesto preparando la comida en la cocina. Algunas veces me daba un poco de patatas fritas con pan —cuando estaba preparando tortilla de patata— y a mí me sabían a gloria. Cuando me empezaba a llegar el olor de alguna cosa que estaba preparando, le preguntaba: *"¿qué hay de comer hoy, yaya?"*. Y ella me respondía: *"silencio con sosiego y pan de postre"*. Tenía un refrán para cada ocasión. Mi esposo a veces se sorprende de la cantidad de refranes que le digo yo, pero es que los aprendí de ella.

En navidad, mi yaya Pilar colocaba en su casa un belén increíble, llenaba la mesa de la sala con montañas, pastores, molinos, riachuelos, todo tipo de animales — había, vacas, bueyes, ovejas, caballos, patos, gallinas, aves, peces…— y dentro del portalito, María, José y el niño, los reyes magos, ángeles y más pastores. Un año estábamos montando el arbolito, y quise agarrar una bola que por fuera era como de cristal y dentro tenía un portalito chiquitito. Nada más tenerla en las manos, se me cayó al suelo, y se rompió. Me quedé llorando desconsoladamente porque la bola más bonita de todas se había roto. En casa de mi yaya Pilar los regalos del niño Jesús llegaban como por arte de magia. Unas veces, justo cuando estábamos cantando villancicos al niño, y el reloj de la sala daba las 12, llamaban a la puerta y cuando iba a abrir, los regalos me caían encima como por obra del Espíritu Santo — después me enteré de que se movían porque estaban atados a una cuerda de la que ellas tiraban, colocada estratégicamente por debajo de la alfombra—. Otras veces, la yaya Carmen o la tía Jose empezaban a decir: *"¡shhh! A ver…se oyó algo por ahí"* y señalaban el pasillo. Entonces, cuando me asomaba, había aparecido una pila de regalos donde apenas unos minutos antes no había nada. La verdad es que recuerdo esas épocas con especial cariño y alegría, porque lograban recrear un ambiente mágico y especial, tanto, que yo estaba convencida de que venía el niño Jesús en persona cada año a traerme los regalos.

Mi tía Jose tenía un apartamento en la playa de San Juan, un pueblo de la costa de levante. Íbamos todos los veranos, mi bisabuela Pilar, mi yaya Carmen, mi tía Jose y mi tío Miguel. Estaba en primera línea de playa, en la urbanización *"Las sirenas"*, que tenía de todo, parque con juegos, piscina olímpica y otra menos honda para los niños, que tenía una sirena dibujada con los azulejos del suelo, pista de tenis, de futbol y baloncesto, bar-restaurante, y varias áreas verdes con mesas, sillas y sombrillas para que te sentaras a pasar el rato donde quisieras… La terraza del apartamento daba a la playa, por un lado, y al campo, por la otra —entonces no habían construido nada allí aún, solo estaban las vías del tren—. Allí solíamos desayunar, comer y cenar, en una mesita redonda con sillas de metal, viendo al mar. La vista desde la terraza era espectacular, con la silueta azulada de las montañas a la izquierda, y el azul del mar fundiéndose con el cielo. Los domingos encargábamos una paella en el restaurante de la urbanización. Por las noches, cuando era más pequeña, jugábamos a las cartas. Ellas me enseñaron a jugar a la *brisca*. Cuando ya era más mayor, me dejaban bajar a cenar con mis amigas, un bocadillo de pez espada, o de jamón serrano, que degustábamos en alguna de las agradables zonas de césped que había en la urbanización. Y ya en mi juventud, me dejaban salir un rato a pasear con mis amigas por el mercadillo que ponían en el paseo marítimo.

Para mí esos veranos eran una auténtica maravilla, íbamos a la playa un rato, después comíamos alguna comida de esas riquísimas que preparaba la yaya Pilar, por las tardes en la piscina jugaba con mis amigas de la urbanización. Hasta fui a clases de natación, y me dieron un diploma y todo. Recuerdo una vez que de tanto estar en el agua, cuando llegué a casa de noche no podía ver bien. Mi tía Jose me recomendó que me echara un poquito en el sofá y cerrara los ojos, hasta la hora de cenar, que seguramente se me habían irritado por el cloro de la piscina. Efectivamente, poco después estaba degustando una deliciosa sopa de fideos en la terraza, con la yaya Carmen, la yaya Pilar, la tía Jose y el tío Miguel, como si nada hubiera pasado.

Algunas veces íbamos a Campello a cenar a algún restaurante, o a misa y después a tomar chocolate con churros. Una vez que yo era muy pequeñita y estaba en misa con mi tía Jose y mi tío Miguel, me puse a cantar junto con los del coro de la iglesia, con tanta efusividad que me miraban todos los que estaban sentados en las bancas.

Cuando tenía unos veinte años, mi bisabuela Pilar me regaló un viaje a dónde yo quisiera. Ella misma fue una mujer viajera, que estuvo por lo menos tres veces en Tierra Santa. En realidad, quería que fuera a Jerusalén, pero en aquel momento yo pensé que me iba a resultar aburrido ir a ver desierto y piedras —ahora me arrepiento de no haber aceptado—. El caso es que finalmente elegí un viaje de esos organizados a Praga, Viena y Budapest (tres países en quince días). Mi tía Jose me acompañó, junto a Blanca, una amiga. Primero fuimos la capital de la República Checa, conocida como "la ciudad de las cien torres". Visitamos la Plaza de la Ciudad Vieja, rodeada de coloridos edificios barrocos, y el famoso Reloj Astronómico Medieval. Vimos el puente de Carlos, —el más antiguo de Praga— que atraviesa el río Moldava. Me impresionaron los edificios antiguos, tan bien conservados, parecía que estábamos en una ciudad medieval. Y las treinta estatuas bohemias de piedra a ambos lados del puente, oscurecidas por el tiempo y la humedad. Me sentía dentro de un cuento de princesas. Lo que no contemplé fue llevar botas de agua y ropa adecuada para la lluvia (porque era mitad de julio y no pensé que fuera a llover). Lo cierto es que todo el viaje estuvo pasado por agua, por lo que tuvimos que comprarnos chubasqueros, sudaderas, paraguas… Eso sí, nunca perdimos el sentido del humor, y en todas las fotos salimos riéndonos de lo mojadas que íbamos. Otra excursión que mereció mucho la pena, (aunque tardamos dos horas en llegar), fue a la ciudad balneario de Karlovy Vary –que debe su nombre al curioso hecho de que fuera el perro de caza del emperador checo Carlos VI descubrió un manantial con aguas calientes en el lugar donde después de construyó la ciudad–. Es un lugar con mucho encanto, una pequeña ciudad de coloridos edificios imperiales, entre las montañas, y bañada por el río. En cada columnata, puedes beber de las aguas termales gasificadas –teniendo cuidado porque en algunas fuentes el agua está demasiado caliente–. No sé que nos pasó en esa excursión, estábamos las tres tan entretenidas tomándonos fotos, que cuando llegamos con el grupo para regresar en el autobús, ya nos estaban esperando.

Después viajamos en autobús a Viena, bellísima ciudad austríaca a orillas del Danubio, rodeada de bosques de ensueño. Visitamos el palacio de invierno de Sisi Emperatriz, que también tiene un museo dedicado a ella. Mi tía Jose me había contado con todo lujo de detalles la historia de Sisi cuando era pequeña, por lo que yo tenía gran fascinación por este personaje, y me encantó poder visitar el palacio y el museo, donde incluso estaban exhibidos algunos de sus preciosos vestidos. El autobús nos dio un recorrido por el anillo de la ciudad, y pudimos contemplar varios de los edificios más importantes. Me llamó mucho la atención lo verde que están los alrededores de la ciudad. También visitamos la casa de Mozart, en un pueblecito cuya plaza parecía sacada de una película.

Finalmente, llegamos a Budapest, la capital y ciudad más poblada de Hungría. En *"la perla del Danubio"* visitamos el impresionante parlamento, a la orilla de río. El puente de las cadenas, presidido por dos leones, que une los distritos de *Buda* y *Pest*. Concluimos con un crucero por el Danubio, desde donde pudimos admirar los edificios más emblemáticos de la ciudad. De nuevo en el autobús, hicimos una parada en una copia del catillo del Conde Drácula. Lo vimos desde lejos, en lo alto de una montaña, pero bastó para poder admirar su majestuosidad. En Budapest nos sucedió algo muy curioso, entramos a una tienda del centro dispuestas a comprar un jersey que estaba en el exhibidor, y en un lenguaje que no pude entender nos dijeron literalmente que nos fuéramos. Es la primera vez que en una tienda no me quieren vender algo. La verdad no sé si fue porque éramos turistas, o qué pasó, pero la anécdota nos hizo reír después en varias ocasiones. Ese viaje nos unió mucho a mi tía y a mí, fueron tres semanas, pero muy intensas, lo recuerdo con mucho cariño.

Mi tía Jose es de esas mujeres que llevan los pequeños detalles a un nivel superior. Le pone su corazón a todo lo que hace, y eso se nota. Desde el vaso de leche con miel que me llevaba a la cama antes de dormir, los días que me quedaba en su casa; hasta los bolsitos con sorpresas dentro que me regalaba desde que era pequeña —con espejitos, polveras, maquillaje, o cajitas diminutas—. Con tanto cariño hacía las cosas, que yo lo sentía muy cálido, con mucho amor. Me acuerdo de que en San Juan me despertaba rascándome con suavidad los brazos, mientras me cantaba alguna canción. Como yo siempre he sido bastante dormilona le costaba sacarme de la cama. La tenía toda la tarde recitándome poemas. Terminaba uno y le decía:

–*"Tota vez"* –cuando no sabía ni hablar bien.

Y ella volvía a recitarme el poema, la canción o algún cuento, con la misma emoción como si fuera la primera vez. Así me aprendí de memoria varios poemas, que todavía recuerdo. Sé que soy muy afortunada por haber recibido tantas atenciones de su parte, estoy profundamente agradecida y espero poder devolverle un poquito, aunque sea del cariño con el que ella me ha tratado todos estos años.

Mi tía Jose es mi madrina de bautizo. Me ha contado muchas veces que cuando yo nací, fue a verme al hospital, y que mi madre le dijo:

–¿Quieres abrazarla?

Y que cuando me abrazó pensó: "ay que cosita". Y no se le olvida ese momento, porque me lo recuerda a menudo. También se acuerda de cuando íbamos al apartamento de San Juan, es que estuvimos yendo durante muchos años, desde que era un bebe de brazos, hasta que tuve unos catorce o quince.

Cuando vivía en Madrid, tenía la costumbre de ir una vez a la semana a comer con ella y mi tío Miguel. Comíamos en algún restaurante cerca de su casa, y después subíamos a su casa a descansar un rato. Bueno más bien nos quedábamos hablando de algo o viendo algún programa en la televisión. Después, mi tío bajaba a tomarse un café al bar, y nosotras dábamos una vuelta por el barrio y comprábamos alguna cosa, ropa sobre todo. Cuando ya anochecía, me acompañaban al metro para despedirse. O algunas veces nos quedábamos a merendar en un lugarcito que quedaba cerca de la boca del metro, un pincho de tortilla, unas croquetas, o un sándwich. Me gustaba mucho ir a visitarlos.

Desde pequeña siempre me ha fascinado la casa de mi tía Jose, se me figuraba como un pequeño palacio, con sus cortinas rosadas hasta el suelo, el ventanal de cristal de la sala, las mesitas, sillas y muebles de estilo, y por encima de todo, las cajitas de música. Me gustaba llegar y abrir primero una más grande, plateada, que había en el centro de la mesa, en la que solía haber caramelos dentro. Y mientras degustaba uno, iba dándoles cuerda a las cajitas de música, una a una, admirando los adornos tallados en la tapa. Una era como un pequeño cofrecito y tenía un camafeo color marfil. Otra era cuadrada, color dorado, decorada con flores azules. Unas eran más grandes, algunas tenían una bailarina dando vueltas en su interior, pero todas me parecían increíbles. De pequeña, pensaba en mi tía y enseguida me venían a la cabeza sus cajitas de música.

Cuando era su cumpleaños o el de mi tío Miguel, o algunas veces en navidad, nos reuníamos toda la familia en un restaurante cerca de su casa, que tenía dos plantas. Las últimas veces nos tocó en la de arriba, que tenía un ventanal que daba a la calle. Después caminábamos hasta su casa, y subíamos un rato a estar allí con ellos. Guardo esos recuerdos con especial cariño, me gustaban mucho esas reuniones. A la entrada o a la salida del restaurante, solíamos hacernos una fotografía del grupo, cuando todavía estaba mi yaya Pilar, y el tío Miguel. Guardo esas fotografías que nos hemos ido tomando año tras año, en un baúl de mimbre que me regalaron cuando era pequeña, en casa de mi abuela Elva. No me lo he podido traer porque son tantas fotografías, que tendría que traerme el baúl entero. Cada vez que mi abuela Elva ha venido a visitarme, me ha traído algunas.

Mi tía Jose era profesora. Por eso podemos hablar de muchos temas, históricos, sociales, de casi cualquier cosa, durante horas. Hablamos por teléfono muy a menudo, y a veces hasta me lee partes del periódico y las comentamos.

Además de ser culta, es una mujer muy elegante. La yaya Pilar las educó a ella y a mi yaya Carmen para ser unas auténticas señoritas, y realmente lo consiguió. Las tres son muy elegantes, y no solo en apariencia, – combinan la ropa y los accesorios como nadie– sino también por dentro, son unas personas de ideas firmes, tradicionales, de esas de antes. He tenido la gran bendición de tenerlas en mi vida, y han sido fuente de inspiración y ejemplo para mí desde pequeña. Mi yaya Pilar fue siempre muy discreta y recatada, pero de modales y educación severa. Nada cambiante con las modas y las ideas pasajeras, ella sabía diferenciar perfectamente lo que está bien de lo que está mal, y así se lo transmitió a sus hijas. Que a su vez dejaron su legado primero a mi padre, y después, a mis hermanos y a mí. También son mujeres creyentes y muy temerosas de Dios, agradecidas, y a las que el Padre ha bendecido con salud, discernimiento, y que tienen el cariño –y la admiración– de todos los que las rodeamos. Mi yaya Pilar puso mucho empeño en la educación de mi tía y de mi yaya, a pesar de que su padre murió demasiado pronto ella logró sacarlas adelante, llevarlas a un buen colegio y hacer de ellas unas mujeres de bien. La verdad es que mi yaya Pilar fue una mujer excepcional, no solo en ideales y fortaleza interna, también gozó de una salud excelente, y nos acompañó hasta hace pocos años, recién cumplidos los 104 años. Es el gran pilar de nuestra familia, a quien admiramos y queremos profundamente.

Es increíble el amor que me ha dado desde pequeña mi tía Jose, me ha tratado siempre como si fuera mi hada madrina, me he sentido tan arropada en su presencia que por eso me encanta estar con ella.

Ahora, no podemos vernos como nos gustaría —sino yo seguiría yendo a comer con ella cada semana, y después charlaríamos un rato en su casa, e iríamos de compras camino al metro, como solíamos hacer —me acuerdo mucho de esos tiempos, es algo que echo mucho en falta desde que vivo en el extranjero. Pero hablamos muy a menudo, pasamos horas charlando de todo como si estuviéramos tomando un café, y eso nos acerca muchísimo, a pesar de la distancia.

Te quiero muchísimo, eres un ejemplo para mí y por supuesto, para mis hijas. Ellas también han visto como cantan las manos, y también buscan cofres del tesoro, gracias a ti. Al inmenso cariño que me has dado desde pequeña, y que es el que me permite ahora transmitírselo a ellas. Conocen muchas cosas de ti, porque en casa hablamos de la tía Jose muy a menudo. Saben que eres mi hada madrina.

Amor infinito

Noviembre, 30, 2019

Tu abrazo como el agua,

que calma la pena y quita la sed.

Tu voz, resguardo seguro.

Del frío, de la noche y del mal querer.

Tu consejo, siempre sabio.

Tu amor infinito, suave y templado.

Tus manos cansadas, de trabajar tanto.

Y tu corazón dulce como miel.

En la noche oscura

velaste mi sueño,

y en los malos tiempos

curaste mi ser.

Me enseñaste pronto

a valorar la vida,

a querer a los otros,

y a buscar el bien.

Por eso te escribo

para agradecerte

por tanto cariño,

paciencia y querer.

El viaje

Diciembre, 9, 2020

Como una nube viajera…

Así discurren lo senderos de la vida.

Se disuelven, se separan.

Y como empiezan, se acaban.

Unas veces el viaje es tranquilo,

como un cálido paseo en tren.

Otras, es más como naufragio

y te ahogas entre olas que no se ven.

La seguridad que le falta al joven

se cambia por la vitalidad después.

Aunque el cuerpo se marchite,

tendrás más claridad que ayer.

Así es la vida, perfecta.

Aunque no lo podamos ver.

Como cuando eras un niño y tus padres te decían

que no debías correr.

Puedes pasar el viaje persiguiendo sombras

o buscar lo tuyo y dejarlo ser.

Agradece a Dios por la semilla,

y hazla florecer.

Lluvia

Junio, 30, 2020

Veo la lluvia caer.

Cual canto interminable

de pajarillos alborozados.

Goteo incesante que se derrama.

Cala mis huesos.

Inunda mi alma.

Y me trae recuerdos

de otros tiempos

y otros rostros.

Una sonrisa, un abrazo,

un paseo a la boca del metro…

Un hasta luego que se convierte en adiós.

Aquí, en mi corazón atesoro

todos esos momentos preciosos.

Y mientras tenga aliento

vivirán en mí.

Veo la lluvia caer.

Y me acuerdo de la tierra

que me vio nacer.

Secreto

Febrero, 2, 2020

Con tu piel y mis manos

puedo tejerte un secreto,

suave como una caricia

de terciopelo…

Que te alegre el alma

como sol de enero.

Y tu corazón se llene

de poesía en verso.

Por un momento

Diciembre, 6. 2019

Un pájaro levanta el vuelo,

en silencio.

Insectos suspendidos en el aire,

fuera del tiempo.

Otra avecilla se posa,

mecida por el viento.

Las hojas susurran palabras extrañas…

Que no entiendo.

El sol calienta en lo más alto.

El aire es fresco.

Es solo una tarde más,

de principios de invierno.

El canto de los pájaros

envuelve el momento.

Mientras se deshacen las nubes,

allá en el cielo.

Sintonía perfecta de bellas notas,

interrumpida solo por el vaivén del viento.

Que inunda mi alma de alegría,

en este mundo incierto.

Que aleja de mi mente el miedo y la locura,

de tener que hacer esto o aquello.

Porque en este bello instante,

todo es perfecto.

La brisa trae risas de niños,

que juegan en las callejas.

¡Qué lejos están los días

en que yo misma lo hiciera!

Y, sin embargo,

hoy siento una alegría nueva.

Pudiendo disfrutar del canto de las aves,

como si fueran sirenas.

Recordándote

Mayo, 26, 2015

Quiero acercarme a tu corazón, y estas tan lejos

hueles a lluvia y a invierno,

a humo y niebla, a calma y silencio.

A lo que huelen las cosas que no se vieron.

Recuerdo tus verdes prados

y tus doradas mesetas,

tus paisajes empapados

de vino tinto y saetas.

Tu calor y tradiciones

se ven mejor desde aquí

aunque tan lejos, tan cerca

si se trata de sentir.

En tus aguas profundas

sumergirme hoy quiero

para salir al otro lado,

con algo nuevo.

Reflejos

Noviembre, 6, 2019

Las nubes reflejan el color de mi rostro,

que cambia con el pasar del tiempo.

Entramado de emociones que a veces se me escapa,

por cualquier rincón.

Miro hacia arriba,

las nubes vienen y van.

Y en todas las paradas,

me encuentro contigo.

Me pierdo en tus ojos,

que reflejan lo mejor que hay en mí.

Los secretos mejor guardados.

Bajo llave.

Algunas veces quiero detener el tiempo,

y otras, verlo volar…

Cuando lo único que puedo hacer en realidad,

es dejarlo pasar.

El tiempo que se lleva el viento;

mientras sigo reflejándome en tus ojos.

Y en las nubes veo mi rostro,

con un nuevo sentimiento.

Girando

Diciembre, 14, 2015

No todo en la vida es bello

por más que intento buscar el lado bueno

pero tengo que admitirlo,

a veces, no puedo.

Y la noche sigue al día

y la alegría al desconsuelo,

dando vueltas y más vueltas

en este danzar eterno.

Pero una cosa es cierta

Algo se gana con el tiempo

Podemos creer en los sueños

Y al final… volvernos ellos

Ciclos

Noviembre, 15, 2015

En algún momento

el río dejó de ser agua…

y se hizo mar;

la montaña dejó de ser piedra…

y se volvió fuego;

el día dejó de ser luz

y se tornó negro…

¿Por qué habría yo de ser

distinta de esto?

¿no trae cada final un principio

y cada noche un día nuevo?

¿No le sigue a la tristeza alegría,

no cura el amor al miedo?

Dime lo que traes

Octubre, 29, 2015

El viento sopla y el tiempo vuela.

Tal vez tu no lo sepas aún

pero en casa alguien te espera,

claro como el agua, eterno como la arena.

Dime, ¿qué es eso que en los campos brilla,

allá afuera?

¿Qué es lo que tiñe de oro los montes

y agita las praderas?

Que necesito saber

por qué existe la tormenta.

Por qué hay días que tengo miedo

y por qué otros siento pena.

Sopla el viento y con él

Pasan las penas.

Sin pena no hay alegría,

¿Por qué no hay alegría sin pena?

Si el día es blanca luz

y la noche negra,

¿cómo sería entonces

si la noche no existiera?

Del pasar del tiempo

Marzo, 29, 2020

Del soñar nace el vivir.

Del vivir nace el querer,

y en la espiral del sentir

vale la pena perder.

El corazón aletea

con alas de mariposa.

El aire trae vida nueva

Y se renuevan las cosas.

Empieza la primavera

llena de alegres olores.

Los pájaros traen sus cantos,

y los campos sus colores.

Deseo que al pasar del tiempo

Le sumes hoy algo nuevo:

pon un toque de alegría

a un corazón sincero.

No puedo asegurarte

que se vaya tu temor.

Pero si puedo decirte

que algún día saldrá el sol.

Que la vida es vanidad.

Que todo tiene su momento.

Y que los tiempos de Dios

son perfectos.

Y que el que no lo entendamos

no lo hace menos cierto.

Como el tempo no deja de correr

ni un momento.

Dos horas miró la luz

esperando que se apagara.

No me mires, no me mires

que te quemarás la cara

...Y se la quemó.

Conclusión,

¡tienes que mirar por la ventana!

Josefina Peinado Benayas

Septiembre, 26, 2017

No vengas tan a prisa

por la calzada.

Que al final de la calle

no queda nada

Josefina Peinado Benayas

Septiembre, 18, 2017

Ven que te quiero lucero,

Y si no vienes…

En lugar de lucero

serán claveles.

Josefina Peinado Benayas

Septiembre, 18, 2017

Desde la terraza

Asomada a la baranda

que daba al mar,

la dulce niña soñaba

¿qué soñará…?

Barcos cargados de sueños,

surcando van.

En busca de esos anhelos

que el alma da.

Encontró su formato,

se envolvió en él,

tres perlas de otros mundos

trajo con él.

Quédate niña en esta baranda,

que no apaguen tus sueños las luminarias,

que tejen las estrellas

si caen al agua.

Josefina Peinado

Junio, 13, 2015

Me pides que haga un verso
y no me sale,

la tarde se va yendo en
los cristales,

y la gente que pasa presurosa
por llegar a la estrella luminosa

que la noche ya anuncia…
hacia otra cosa.

Que sabes que ya es verso:
el universo.

Josefina Peinado Benayas

Mayo, 24, 2017

Poema desordenado

Si me dices ven, me quedo.

Y si me quedo, me voy.

¿Cómo explicar a la gente

que pregunta dónde estoy?

El horizonte que veo

lejos me parece ahora.

¿Cómo lo veré mañana

si amanezco en otra hora?

Pasando por los recuerdos

veo estrellas luminosas,

nubes de algodón azul,

jirones de cielo rosa

y al final de la jornada…

mi familia, ¡tan hermosa!

Josefina Peinado

Octubre, 5, 2016

MARÍA DEL CARMEN

María es un nombre de etimología incierta. Atendiendo a la etimología egipcia, procedería de *maryam:* **"amada de Dios, excelsa, eminente".**

Carmen significa **"El paraíso de Dios"**. Este nombre tiene su origen en el antiguo hebreo, viene de la palabra "כרמל" (Karmel: monte Carmelo).

En latín significa: **"Canto, Música, Poema, Conjuro, Hechizo"**.

Verdaderamente es una mujer excepcional. Es como una bella melodía o un exquisito poema, ella es una musa, una obra de arte por dentro y por fuera. No es que yo lo diga, es que todos los que la conocen coinciden en que es de esas escasas personas que no te dejan indiferente.

Ella es la madre de mi padre, pero para mí mucho más que una abuela convencional. Porque su amor y su calidad humana es algo fuera de lo común, y ella, igual que su madre (mi yaya Pilar) ha velado siempre por todos nosotros, preocupándose porque no nos faltara de nada. Es, además, muy discreta, y aunque nos ayuda generosamente a todos, lo hace humildemente sin interés de que nadie alabe sus actos.

Tiene muy buenos amigos, en realidad todos la queremos muchísimo. Estoy segura de que Dios la ha colocado en ese lugar privilegiado porque sabe lo que hay en su corazón, sabe de su impecable carácter y de su inmenso amor, de todo su sacrificio por los demás, de su fortaleza, su paciencia, y su gratitud. Ella es muy agradecida, y siempre está dando a los demás, sin esperar recibir nada a cambio. Cuando era pequeña e íbamos a algún sitio –me llevaba a menudo a ver exposiciones, museos, o a visitar algún palacio–, me llamaba la atención que solía detenerse ante cada persona que pedía dinero en la calle para darle algo (y no unas pocas monedas, solían ser buenas cantidades). Ni qué decir de las generosas propinas a los taxistas, en los restaurantes, etc. Yo veía estas cosas y me parecía una gran mujer porque se preocupaba de todo el mundo, hasta de los que no conocía. Eso siempre me ha parecido algo muy valioso.

Es también, muy glamurosa y elegante, —como ya comenté antes le viene de familia, porque su madre, la yaya Pilar, era muy buena costurera y les tejía a sus hijas vestidos de las mejores telas, de modo que solían ir muy bien arregladas—. Pone especial atención a todos los detalles de su indumentaria, ya sea que va a salir a hacer la compra o a un concierto en el auditorio nacional. Todo es importante, la ropa —cuidadosamente escogida y colocada en algún lugar donde no se arrugue desde la noche anterior— los zapatos, y, por supuesto, los complementos. Le encantan los complementos, y sabe llevarlos y sacarles el máximo partido: pendientes, collares (de todos los tipos y tamaños), cinturones, bolsos, y las gafas de sol que no falten. Ni qué decir de su cabello, siempre perfectamente colocado en un peinado con volumen y flequillo en un tono rubio dorado. El pintalabios rojo, el delineado del ojo, —impecable—, y el lunar encima del labio, con un toque de color negro. Si hace frío, un pañuelo en el cuello, y abrigo, tal vez también guantes de cuero. Si hace calor, alguna falda larga, o por encima de la rodilla, o un vestido de alguna tela elegante, con estampado de leopardo, de rayas o de lunares. Ella lleva con la misma elegancia los vaqueros, ajustados con un cinturón de hebilla ancha en la cintura, que los trajes de chaqueta, o los abrigos de visón.

Pero no solo es bella y elegante, también es muy inteligente. Es una mujer muy lista y avanzada a su época. En su juventud, cuando las mujeres apenas trabajaban aún —la mayoría eran amas de casa— ella estudió cuatro carreras. Es extraordinaria por dentro y por fuera, como dije antes. Se casó joven, con mi abuelo Luis que era militar, y le destinaron a trabajar en Brasil. Ella siempre fue una mujer aventurera y viajera, —dio varias veces la vuelta al mundo— , por eso acompañó a su esposo a vivir en el extranjero. La última vez que vino a visitarme me contó que se enteró de que estaba casada por carta: mi abuelo le escribió una carta con los papeles del matrimonio, y esa fue la primera noticia que tuvo de que se había casado. Después se fue con mi abuelo a vivir a Sao Paulo, tuvo suerte porque cerca de su casa vivían varias españolas casadas con otros militares destinados allí, y pudo entablar amistad con ellas.

Enseguida se hace querer porque es de esas personas detallistas, entregadas, verdaderamente preocupadas y atentas por los demás. Si alguna vez le hiciste un favor, por mínimo que sea, enseguida te llevará un regalo. Y no uno cualquiera. Un regalo escogido con ese finísimo gusto que ella tiene.

Es, además, una mujer muy justa, a la que le gustan los repartos a partes iguales, y que no duda en abanderar las causas justas. Alguna vez he oído algún familiar hablar de cuando ella alquiló un piso en Madrid para alojar a fugitivos del régimen cubano. A pesar de todo, de su generosidad, su justicia y su bondad, no todo fue fácil para ella. Mi abuelo murió en un accidente de coche cuando regresaba de esquiar en las montañas, justo cuando acababan de instalarse de nuevo en Madrid. Fue cuando mi padre tenía apenas doce o trece años. Le tocó sacarle adelante sola, bueno, con la compañía constante de mi tía Jose y de mi yaya Pilar, pues las tres son muy unidas. Me contó que tuvo que trabajar algún tiempo vendiendo aspiradoras por las casas. Pero es una mujer muy inteligente y preparada, y consiguió un buen trabajo en Fundesco, donde estuvo trabajando hasta que se jubiló con 65 años.

Es una mujer muy culta, y con gran interés de seguir aprendiendo y estar a la última. Hace algunos años, estuvo haciendo un curso de egiptología. Le gusta mucho leer, sobre todo acerca del antiguo Egipto o las grandes civilizaciones. Además de apreciar el arte en todas sus manifestaciones. Le gusta mucho ir a conciertos de música clásica en el auditorio nacional, que además le queda frente a su casa.

Cuando tenía unos 17 años, la yaya Carmen nos regaló un viaje a todos al antiguo Egipto. Me hacía mucha ilusión viajar allí, desde pequeña he sentido fascinación por el Egipto de los faraones. Fuimos todos, también mi padre, Justi y mis hermanos. Primero visitamos las pirámides de El Cairo, situadas en la meseta de Giza, a 18 kilómetros de El Cairo. Las más importantes son las de Keops, Kefrén y Micerino, tres faraones de la cuarta dinastía. De hecho, entramos en una de ellas a visitar la cámara funeraria, que a mí me dio claustrofobia de lo chiquitita que era.

Llevábamos un guía turístico, pero además mi yaya Carmen nos iba explicando con todo lujo de detalles cada lugar que visitábamos. También me llamó la atención en ese viaje su sorprendente vitalidad, a pesar de que nos levantaban casi de madrugada para evitar el calor del desierto en las horas puntas, me acuerdo de verla con la botella de agua en una mano y el abanico en la otra, sin proferir una sola queja. Todos nos quejábamos constantemente del calor abrasador, del cansancio, de que queríamos dormir… pero ella no se quejaba de nada en absoluto. La estoy viendo como si la tuviera delante, con una camiseta de manga corta verde oscuro y un peto de pantalón corto en color crudo, las gafas de sol, y el pelo impecable, como recién salida de la peluquería, de pie en mitad de las ruinas, sin soltar la botella de agua ni perder la compostura, mientras yo no paraba de quejarme de todo, del calor que hacía, de lo temprano que nos levantaban para ir a las excursiones, del autobús, de la comida, de lo que fuera… Ella solo sonreía y me decía: *"aquí o te aclimatas, o te aclimueres"*.

En El Cairo visitamos un mercado de la ciudad y paramos en un local al aire libre a tomar un té caliente y a probar una shisha. El guía nos contó que se suelen ver pocas mujeres solas en esos lugares porque no salen sin sus maridos a prácticamente ningún lugar. Desde la azotea del hotel podíamos ver una vista espléndida de las pirámides, casi parecía que podíamos tocarlas con la mano.

Hicimos un crucero por el Nilo de varios días. Me gustó la experiencia de levantarme dentro de un barco en movimiento, bastaba con descorrer las cortinas del amplio ventanal para ver un paisaje diferente cada día. El barco también tenía una piscina en cubierta, era una sensación extraña bañarse dentro de un barco en medio de un río tan amplio.

Visitamos el templo de Abu Simbel, construido por el faraón Ramsés II. Son dos templos, uno dedicado al faraón y el otro a su esposa favorita, Nefertari. No pude verlos por dentro porque empezó a salirme una muela del juicio y me sentía tan mal que tuve que quedarme en el hotel, pero sí asistí por la noche al espectáculo de luz y sonido que proyectaron en la fachada, y tuve ocasión de contemplarlos al menos por fuera. Como me perdí la explicación del guía, la yaya Carmen me contó todos los detalles del templo y del faraón Ramsés II. También visitamos un pueblo nubio, donde nos montamos en camello y nos enseñaron una casa típica del lugar.

Mi yaya Carmen es todo un ejemplo de persona luchadora y constante. Sabe que con el trabajo duro se consiguen las cosas, y eso es lo que ha hecho siempre, dedicarse a prepararse, trabajar, y velar por los demás. Igual que su madre. Cuando mi yaya Pilar ya fue demasiado mayor para vivir sola, se mudó con ella. Y mi yaya Carmen la cuidó amorosamente hasta que falleció, a los 104 años. Sé que mi yaya Pilar fue una buena madre, pero es que la yaya Carmen fue una excelente hija. Y lo que hizo por su madre no se ve muy a menudo, y menos hoy en día. Cuando iba a visitarlas, mi yaya Pilar estaba sentada en su butaca de la sala, bañada, perfumada, con su cabello de peluquería, su bata rosa, y si hacía frío, con una mantita en las rodillas. Perfectamente lucida, atendida y cuidada.

Solía visitarlas a menudo cuando vivía en Madrid, y fui testigo del amor con el que mi yaya Carmen cuidaba a mi yaya Pilar. Sé que fue un tiempo duro y difícil para ella, pero también sé la gratificación que le debe producir el saber que mientras estuvo entre nosotros, a la yaya Pilar no le faltó de nada porque ella estaba constantemente pendiente de ella. La última vez que visitamos España, mis hijas pudieron estar con la yaya Pilar, se subieron en sus rodillas y, agarrándoles sus deditos, les decía eso de:

"este trajo un huevo, este lo frío, este le puso la sal, este trajo el pan, y este chiquito, chiquito…¡todito se lo comió!"

Es algo poco común tener la oportunidad de conocer a tu tatarabuela. Me siento muy afortunada de que mis hijas hayan tenido ese privilegio, además de ser tan queridas por toda la familia. En mi familia somos pocos, pero nos queremos muchísimo. Cuidamos unos de otros y aunque estemos lejos, mantenemos la unión como se pueda, por teléfono, carta, o ahora que se puede a través de internet nos llamamos a menudo por videollamada.

Cuando era pequeña, la yaya Carmen siempre me trató con un cariño muy especial. Una vez, me regaló una muñeca de porcelana, y me cuenta que yo la saqué de los pelos, y me puse a jugar con la caja. También unas navidades mi yaya Pilar me regaló un piano con un banquito, y nada más sentarme, lo rompí. Pero ellas no se enfadaban, me trataban con una delicadeza y un cariño inmenso. Me acuerdo de otra vez que yo quería a toda costa un muñeco verde espantoso, y aunque era horripilante, me lo regalaron. No olvidaré las veces que estábamos en casa de mi yaya Pilar y bajaba con la Yaya Carmen a comprar algo para merendar en la tienda de la esquina. Jamón, unos croissants, cola-cao o lo que hiciera falta.

Me llevaban vestida como una princesita. A veces me llevaban a que me hicieran una sesión de fotografías, la que más me gustó fue la que me hicieron con mi vestido de sevillana blanco de lunares rojos, con las mangas llenas de volantes, los pendientes rojos y los zapatos de charol negros, sujetos al tobillo con una hebilla.

La yaya Carmen me recitaba muchos poemas y canciones, de algunos todavía me acuerdo, como ese que decía:

"A veinte leguas de pinto, y treinta de marmolejo, existió un castillo viejo que edificó Chindasvinto. Perteneció a un gran señor, algo feudal, algo bruto, se llamaba Sisebuto, y su esposa, Leonor…"

También me gustaban mucho los trabalenguas y las adivinanzas. Por supuesto, me leía muchos cuentos, y me contaba historias, de antiguas civilizaciones, de castillos lejanos, de hadas y princesas encantadas… Tuve mucha suerte de tener a unas mujeres tan amorosas y cultas a mi cuidado, gracias a ellas amo la escritura, la lectura, y en general todas las artes.

Pero hay cosas que no se aprenden ni se enseñan, solo se comparten, y nunca se olvidan, como el inmenso amor y cariño que me dio la yaya Carmen desde que fui muy pequeña. Sin apenas caminar me llevó por primera vez a la Playa de San Juan, donde tenía el apartamento mi tía Jose. Me acuerdo de cuando me cortaba las uñas y me las limaba en la terraza, con tanto cuidado y delicadeza. A veces, cuando terminábamos de comer, me gustaba irme a la parte de atrás de la terraza, donde ponían el circo, y me quedaba allí jugando con las conchas que había encontrado en la playa. Cuando había feria, llegaba el circo, o montaban atracciones, solían llevarme para que me montara en lo que quisiera.

Cuando era muy pequeña la yaya Carmen compró un chalé en la estación del Espinar, un lugar de sierra cerca de Madrid. Un pueblo muy bonito y muy campestre, me gustaba mucho ir, ver como mi padre encendía la chimenea, llevarle a mi yaya Pilar albahaca o hierbabuena de las macetas del jardín para algo que estaba preparando. En la urbanización "Los leones" donde estaba el chalé, también había piscina en verano y allí me hice varias amigas con las que coincidía en vacaciones.

Tengo muy buenos recuerdos de esos días en el Espinar. Hacía mucho frío en invierno, eso sí, algunos años se congelaban hasta las tuberías del agua. Me ha tocado más de una vez ver nevar en los pinares. Pero a mí me gustaba mucho ir allí, quedarme dormida en el sofá mirando las llamas de la chimenea, meterme una bolsa de agua caliente en la cama, y tener que ponerme las sudaderas de mi padre porque las mías no me quitaban el frío. A la yayita Carmen también le gustaba ir a la sierra. Me acuerdo de la maicena que hacía mi yaya Pilar con galletas María por encima, de ir a la peluquería con ellas al Espinar y después quedarnos a comer en algún restaurante, y de jugar a las cartas, a la oca o al parchís después de cenar.

Cuando estaba estudiando la universidad en Madrid, solía ir a visitar a la yaya Carmen y a la yaya Pilar cada semana. Cuando salía de clase, iba a su casa y la yaya Carmen bajaba para que fuéramos a comer a algún restaurante de los que hay por su barrio (que todos están buenísimos, por cierto). En su misma calle hay un restaurante gallego que se come muy bien, un chino que también está muy rico todo, y un poco más abajo hay un buffet al que también íbamos algunas veces que tenía comida oriental y española. También solíamos ir a otro restaurante a unas calles de distancia que tenía un ajolote en una pecera. La yaya Pilar se quedaba a comer en casa algo que ya hubiera preparado ella antes, ya no le apetecía andar bajando a comer. Pero cuando terminábamos la yaya Carmen y yo, volvíamos a casa, descansábamos un ratito, y nos quedábamos hablando hasta que se hacía de noche las tres. En ese tiempo, la yaya Pilar me contó varias cosas de su juventud, cómo conoció a mi abuelo Manuel, cosas de cuando vivían en el pueblo, y cuando tuvieron que mudarse a Madrid. Me gustaba mucho escucharla. Sentía que era un momento muy especial, porque estaba presenciando algo que no volvería a repetirse. Disfrutaba mucho esas visitas. Ahora que estamos tan lejos, me acuerdo de aquellos días con nostalgia.

Podría conversar con la yaya Carmen durante horas. Ella no solo sabe de casi cualquier tema, sino que además tiene un gran sentido del humor, convirtiendo cualquier plática en un agradable momento.

Ahora nos llamamos todas las semanas por videollamada. No es lo mismo que irme a comer con ella y pasar la tarde charlando en su casa, pero por lo menos nos vemos y hablamos un rato. Además, desde que vivo en México, ha venido a visitarnos en varias ocasiones.

La primera vez fue antes de casarme, cuando vino con toda la familia a Cancún a un hotel todo incluido. Lo pasamos muy bien, aunque estaban todos sitios turísticos cerrados por la *influenza*, y no pudimos visitar las ruinas de *Chichen Itzá*. Solo pudimos ver el parque de Xcaret y disfrutar de la piscina del hotel, y por supuesto, de la playa, esas mágicas playas del Caribe de arena blanca y agua cristalina. A la yaya Carmen le gusta más la sierra que la playa, pero ella, con su habitual buen humor, no se quejó de nada. La verdad es que no conozco una compañía tan agradable, ella no solo no se queja, sino que aprecia cada detalle, y sabe encontrar el lado bueno a las cosas.

La siguiente vez que vino fue después de mi boda, cuando nos fuimos a viajar con un coche alquilado por varios estados de México. Primero fuimos a ver las pirámides de Teotihuacán, en el estado de México. Pasamos por el Distrito Federal y nos sorprendió la cantidad de tráfico y de gente que vive allí. Nos alojamos en un hotel dentro de las ruinas muy bonito. También visitamos Puebla, donde comimos pollo con mole y chiles en nogada en un restaurante del casco antiguo, visitamos las calles más conocidas, entramos en la catedral, y recorrimos un mercadillo donde compramos algunos souvenirs. En Cuernavaca nos costó encontrar alojamiento porque estaba todo lleno, pero finalmente nos quedamos en un hotelito muy curioso que tenía varios bungalós dispuestos a lo largo de un jardín lleno de árboles y flores. Por la noche había música en vivo en el restaurante al aire libre. Seguimos hasta el estado de Veracruz, y creo que fue en Xajapa donde nos quedamos en un hotel que era una planta bastante alta y toda una pared era de cristal, por lo que teníamos una vista impresionante de la ciudad. Y por último, pasamos por el puerto de Veracruz y atravesamos una carretera muy hermosa bordeando la costa hasta el pueblo de Catemaco, famoso por su laguna y por sus brujos. Un lugar muy pintoresco, a decir verdad. Dimos un paseo en barca por la laguna y visitamos la isla de las garzas y una pequeña isla, habitada por varios tipos de monos, abandonados en la isla importados desde Tailandia.

La última vez que vino a vernos fue el verano pasado. Vino con mi hermana, y estuvieron aquí tres semanas. Por el Covid, no pudimos hacer grandes viajes, pero visitamos toda la zona de la laguna de Chapala y la laguna de Cajititlan, los pueblos alrededor de Guadalajara, Tlaquepaque y como no, el centro histórico de la ciudad. En este viaje aproveché para hablar mucho con ella, nos contó a mi hermana y a mí anécdotas muy interesantes de cuando era joven. No salimos a tantas excursiones, pero aprovechamos para convivir y acompañarnos. Su visita nos dio a todos mucha felicidad. Cuando las despedimos en el aeropuerto, yo sentí un hueco en mi interior que sé que no voy a poder llenar con nada.

El precio de vivir lejos de mi familia es alto, pero me consuelan los recuerdos, tantos buenos ratos de charlas, anécdotas, comidas y momentos compartidos. Sé que cuando paso demasiado tiempo separado de los míos voy perdiendo mis raíces, me desarraigo, es algo difícil de explicar, pero así lo siento yo, como que me pierdo. Pero cada vez que veo a algún familiar, que hablamos, que estamos en contacto, vuelvo a conectarme y vuelvo a ser yo. Porque no sería yo si ellos. Mi familia es parte de mi pasado, mi presente y mi futuro.

Mi yaya Carmen es hoy un pilar sólido como la roca para todos nosotros, como antes lo fue la yaya Pilar. Su sola presencia es solemne, nos invade y nos hace ser mejores, estar más unidos, querer parecernos más a ella, y acercarnos a Dios. Mujeres como ella no abundan. Por eso, sé que soy muy afortunada de haberla tenido en mi vida, estoy eternamente agradecida de tanto amor.

Con estas palabras solo quiero agradecerte, yayita, por todos estos años. Eres una persona muy especial para nosotros, y te llevamos en el corazón. Aunque no nos veamos todo lo que me gustaría, estás muy presente. Como un angelito que vela por mí (y por los míos) desde la distancia.

Ciclos eternos

Diciembre, 08, 2019

El sol dora los montes

el aire es templado.

Los días son más largos:

Ha llegado el verano.

Ocre y pardo cubren la tierra,

se levanta el viento.

El otoño se lleva las hojas y frutos

que maduraron a tiempo.

Un manto blanco lo cubre todo

las estrellas brillan en lo alto.

Saca el gorro y el abrigo

porque el invierno ha llegado.

Y ahora lo que más me gusta

la primavera y su canto.

De colores y de aromas

se tiñen el corazón y el campo.

Si miras a las montañas,

o a lo profundo del mar

verás que es tan simplemente bello

que embelesa tu mirar.

En su majestuosidad

los campos y el cielo alto

es perfecto, y mientras tanto

todos lo vemos pasar.

Viendo todo lo creado

solo puedo agradecer.

Y algo crece en mi interior

alimentando mi ser.

Que sin ti no puedo nada

señor de la paz.

Solo Tu que todo lo creaste

nos puedes salvar.

Si perfectos hiciste los valles y montes,

los ríos y el mar…

Sé que no vas a dejarme

si contigo quiero estar.

Sé que sostendrás mi mano

cuando ya no pueda más,

y aliviarás mi espíritu cansado

de temores y de ansiedad.

Renovarás mi fe cada día

aunque yo no sea más que polvo y sal.

Solo porque busco seguir tu camino

y acercarme a ti un poquito más.

Sueños que vuelan

Noviembre 12, 2019

En barcos de vapor
viajan mis sueños,
volando entre las nubes
surcando el cielo.

No importa lo que viva
sigo con mis sueños…
Enfriando veranos,
calentando inviernos.

Floreciendo primaveras
sueño con que sueño
en un caballo alado
volando a ras del suelo.

¿Y para qué despertar

de esto que yo sueño?

Si puedo entrelazarlo

con el día y el tiempo.

Y vivir soñando

y soñar, viviendo.

Conservar la esperanza,

sin perder el aliento.

Las mismas manos

Agosto, 5, 2019

Cuando la noche nos abraza con su embrujo

el silencio llena todo alrededor…

Mientras el sol se oculta tras los montes

y la luna, misteriosa, anida en un rincón.

En la habitación vacía, todo en calma

sus manos tejen palabras, bordan versos de amor.

Las mismas manos ocupadas, con el candor del día

que no tienen descanso, mientras brille el sol.

Pueden ahora perderse,

volar libres…

Entre pluma y papeles.

Creando paraísos de luz y color.

Salto de fe

Abril 21, 2017

De pronto algo cambió,

estaba anocheciendo.

Todo estaba en calma

y te sentí aquí dentro…

Si algún tiempo tuve dudas,

miedo, angustia y soledad.

Ahora en ti he encontrado

sentido y felicidad…

De mi vida, y de mi muerte.

Del amor y del soñar.

Del porqué de ese vacío

que nunca pude llenar;

Ni con pasiones, ni drogas.

Ni emociones, ni ebriedad.

Ni con nada que este mundo

me haya podido dar.

Solo en tu ejemplo y persona

he hallado yo la paz.

Paz en el cuerpo, paz en el alma

en el espíritu y en los demás.

Todo tiene un nuevo sentido

sin dudas y sin temor,

porque tu amor es más grande

que todo nuestro dolor.

No hay palabras para explicar,

describir lo que siento

Antes estaba vacía…

Y ahora todo está lleno.

De tu paz, de tu amor

tu humildad, tu perdón.

Gracias a tu sacrificio

y tu inmensa compasión

ahora muchos como yo

podemos sentir tu calor.

El calor de tu presencia

aquí en el corazón.

Una llama que no se apaga

y nos dirige con amor.

Gracias Jesús por dar tu vida

para que nos podamos salvar,

arrepentirnos de nuestros pecados

y con fe, volver a empezar.

¿Quién soy?

Enero, 9, 2016

Sin ojos veo.

Sin piel te rozo.

Sin alas vuelo.

Y donde quiero voy.

Sin lugar ni raíces.

Sin tiempo que cicatrice

las tardes a Solas,

las noches sin calor.

Contigo voy,

a donde mires estoy.

Siempre solo

con mi canción.

La luna es mi madre.

Mi padre es el sol.

Soy el viento que teje lunares

en tu corazón.

Las flores de mi jardín

Octubre, 6, 2015

Cuando me siento perdida,

sin sentido, sin razón,

las miro y entiendo todo:

ellas son mi inspiración.

Puede que el día haya perdido

toda su luz y color,

o que en la noche me angustie

y me duela el corazón;

más al mirar sus ojitos

sus sonrisas… y oír su voz!

todos los males se escapan

y vuelve a mí la ilusión.

Pues ellas son en mi vida

norte, sur, pluma y canción.

Para mí lo más hermoso

de toda la creación.

Gracias papá

Junio, 21, 2015

Primero fuiste tú, papá

quien me protegía.

Me dabas seguridad,

calma y también alegría.

Con tu buen humor,

coloreabas mis días,

y tu noble corazón

de ejemplo a todos servía.

Gracias papa,

por haberme dado la vida,

por quererme como soy

y enseñarme lo que es la familia.

Pues, aunque estemos tan lejos

pienso en ti cada día,

no en vano tu fuiste,

el primer hombre de mi vida.

Por ti sé lo que es el honor,

la lealtad, la valentía.

Valores que me han hecho mejorar

y convertirme en lo que soy hoy en día.

Sin darnos demasiada cuenta,

el tiempo pasó y deje de ser niña,

otro hombre cuida ahora de mi

me hace feliz, alegra mis días…

Ya sabes de quien te hablo

es mi compañero, el padre de mis hijas.

Nostalgia

Junio, 3, 2015

He querido traspasar los límites de la razón

y no puedo…

Me cuesta reconocerlo, pero lo que tengo

…es miedo.

Un miedo sin sentido

que ataca al corazón,

nubla los sentidos

y se anida en el rincón

más oscuro de mi alma.

¡vete!

quiero gritar,

y no me sale la voz.

Vida nueva

Junio, 21, 2015

Un latido dentro de mi

me recuerda la vida,

que ya está creciendo aquí,

buscando la salida.

No recuerdo cómo es nacer

pero si se lo que es vivir…

y no sé cómo voy a hacer

para que crezcas feliz.

Se que todo mi amor no basta

para evitar tu sufrir,

que por más cosas que haga

no puedo vivir por ti…

Se bien que no soy perfecta,

quisiera ser mejor por ti.

Eso me da ánimos cada día

y me impulsa a seguir.

Aun así…

¿qué será de ti?

en este mundo raro

donde querer es sufrir.

Yo te doy mis bendiciones,

llevas lo mejor de mí,

todo el amor sin condiciones

es mi regalo para ti.

Le pido a Dios cada día,

que ilumine tu camino,

y que te haga muy feliz,

igual que soy yo contigo.

No pierdas la fe

Febrero, 1, 2020

Como la vida duele

así también se goza…

Como se transforma la larva

en mariposa.

Todo es fugaz.

El primer aliento y el último suspiro.

Todo cambiará,

aunque no lo hayamos entendido.

Entre tanta vacuidad

solo me reconforta la fe.

Entre tanto pensar

solo queda el hacer.

Si me permites un consejo:

Diviértete,

suma y sigue.

Persigue el bien.

La alegría es un regalo,

aprécialo bien.

Y en los momentos malos

no pierdas la fe.

Carmen

Noviembre, 30, 2015

Una tarde de primavera,

sentada en mi jardín

me di cuenta de una cosa.

Te lo tengo que decir:

y es que eres la mujer

mejor que conocí.

¿Cómo podría describirte?

Elegante, hermosa, gentil…

Entre tantas cosas buenas

destaca tu inteligencia,

y lo que a mí más me gusta

tú generosa conciencia.

Siempre cuidando a los tuyos

ofreciéndonos lo mejor,

sin escatimar en nada

nos has regalado tu amor.

Tan detallista,

tan generosa,

y tan bella…

como una rosa.

Que no entona una ópera

cuando se abre en primavera,

y, sin embargo

¡deslumbra a cualquiera!

Todo eso y mucho más

significas para mí.

Me gustaría de verdad

parecerme un poco a ti.

En tu impecable actuar

en tu prudente decir.

Sabiendo bien como estar

y como hacernos reír.

Había dicho antes

que iba a quedarme corta…

mejor te mando un abrazo

y espero que lo recojas.

ACERCA DE LA AUTORA

Cristina Martínez es española de nacimiento, aunque el amor la llevó muy lejos a echar raíces... Apasionada de su familia, de escribir y de los libros. Escribe desde que tiene uso de razón, porque se expresa mejor de esa manera, plasmando en el papel todo lo que no se atreve a decir.

Estudió periodismo en la Complutense de Madrid, pero trabajó en ello muy poco; apenas unos años en la radio y en alguna revista. Nunca dejó de escribir, en lo que encontrara, diarios, relatos, poemas, en el ordenador o en una servilleta. Probó además varias cosas, incluso el circo. Hasta que un intercambio cambió su vida para siempre.

En México encontró el amor, y el equilibrio. Algunas veces le cuesta estar tan lejos de la tierra que la vio nacer. Es entonces cuando vuelve a la pluma para intentar dar un poco de sentido al mar de sentimientos que lleva por dentro. Y si existe la felicidad se puede decir que sí, es feliz.

www.ingramcontent.com/pod-product-compliance
Lightning Source LLC
Chambersburg PA
CBHW071915120726
48001CB00005B/1747